La Vida es Como un Rompecabezas

Cómo ordenar y planificar tus movimientos
para lograr armar correctamente
el rompecabezas de tu vida

Ricardo Tiuc Sian

Copyright © 2016 Ricardo Tiuc Sian

Copyright © 2016 Editorial Imagen.
Córdoba, Argentina

Editorialimagen.com
All rights reserved.

Todos los derechos reservados. Ninguna parte de este libro puede ser reproducida por cualquier medio (incluido electrónico, mecánico u otro, como ser fotocopia, grabación o cualquier sistema de almacenamiento o reproducción de información) sin el permiso escrito del autor, a excepción de porciones breves citadas con fines de revisión.

Corregido y editado por Andrés Reina
Imágenes cortesía de Freepik.com y Flaticon.com

Todas las referencias bíblicas son de la versión Reina-Valera 1960, copyright © 1960 by American Bible Society excepto donde se indica:
TLA - Traducción Lenguaje Actual, Copyright © 2000 by United Bible Societies. NVI - Nueva Versión Internacional, Copyright © 1999 by Biblica. DHH - Biblia Dios Habla Hoy, Tercera edición © Sociedades Bíblicas Unidas, 1966, 1970, 1979, 1983, 1996. Usada con permiso.

CATEGORÍA: Vida Cristiana/Inspiración

Impreso en los Estados Unidos de América

ISBN-13:
ISBN-10:

ÍNDICE

Prólogo 1

Introducción 3

Pasos para armar un rompecabezas 9

    Paso 1: Define tu propósito 9
    Paso 2: Ordena y planifica 15
    Paso 3: Proyecta tus metas específicas a corto plazo 20
    Paso 4: Todo es un proceso, inicia con lo más fácil 25
    Paso 5: Celebra a lo grande cuando termines 28

Recomendaciones generales para armar un rompecabezas 31

    1. Haz una observación profunda antes de iniciar 31
    2. Nunca te des por vencido cuando aparezcan los obstáculos 32
    3. Cuando te estanques o sientas que no avanzas, cambia de ambiente 34
    4. Asegúrate de que cada pieza es la correcta 35
    5. Dale valor a cada pieza: todas son importantes 36
    6. No permitas que cualquiera te ayude 36

Resumen 39

Conclusión 41

Más libros de interés 45

"Porque yo sé los planes que tengo para vosotros —declara el Señor— planes de bienestar y no de calamidad, para daros un futuro y una esperanza."

Jeremías 29:11 (LBLA)

"Y sabemos que para los que aman a Dios, todas las cosas cooperan para bien, esto es, para los que son llamados conforme a su propósito."

Romanos 8:28 (LBLA)

"¿Quién soy en el mundo? Ese es el gran rompecabezas."

Lewis Carroll

Prólogo

Hay veces que por falta de creatividad no nos percatamos de que todo lo que Dios hace siempre tiene un propósito. Como el simple hecho de permitir que una afición hacia un pasatiempo nos deje tantas enseñanzas para aplicarlas a la vida real, cumpliendo con lo que la Biblia nos dice "examinadlo todo y retened lo bueno." (1 de Tesalonicenses 5:21)

Esto es precisamente lo que me inspira a escribir este mini libro, para que quien lo lea aprenda esto: que en todo hay lecciones para la vida.

Me gustan los deportes y todo tipo de actividades al aire libre, menos las extremas. Aunque pude haber destacado en alguna, después de muchos años puedo decir que me siento feliz y realizado por el llamado que Dios me hizo: actualmente tengo 16 años de servir como pastor en la iglesia Bautista Cristo Vive, que está ubicada en la ciudad de Cobán, Alta Verapaz, a 213 kilómetros de la capital de Guatemala.

Un día encontré algo que me apasionó: armar rompecabezas. Si algo puede llamar mi atención, distraerme, hacer que pierda la noción del tiempo, ayudarme cuando quiero alejarme de la realidad, desafiarme de tal manera que hace que me concentre y otras cosas más, es precisamente armar rompecabezas.

Pero Dios utilizó esta afición para enseñarme que la "la vida es como un rompecabezas" y que requiere aprender a armarla para poder disfrutar de todo lo que Dios tiene para uno. Y cuando no aprendemos a armar nuestro propio rompecabezas (nuestra vida), llegan las derrotas, los fracasos, las decepciones y todo lo negativo que causa serias y profundas heridas en nuestra vida.

Y ese es mi propósito al escribir este libro: enseñar lo que he aprendido para que sepas cómo enfrentar la vida con las lecciones que me ha dejado la afición de armar rompecabezas.

Introducción

Quiero iniciar este escrito contando un poco acerca de mi vida, especialmente los primeros doce años de mi vida, los cuales califico como muy buenos de acuerdo al promedio en general. Mi familia se componía de cinco miembros, mis padres y dos hermanos. Tenía un hermano mayor, luego nací yo y más tarde mi hermana menor.

Todo era normal, mis padres trabajaban y nosotros nos dedicábamos a ir a la escuela. Vivíamos en la zona 13 de la capital de Guatemala, prácticamente al final donde terminaba el aeropuerto internacional llamado De La Aurora. Recuerdo que vivíamos en casa propia, teníamos muchos amigos con los cuales salir a jugar y disfrutábamos cada momento en esa parte de la ciudad.

Pero también me acuerdo que cuando yo tenía 12 años, a finales del año 1972, algo pasó, una catástrofe que marcaría nuestras vidas como familia para siempre.

Si tuviera que describir a mi familia diría que estábamos bien enmarcados, como dentro de un precioso cuadro. Pero luego alguien lo tomó y lo tiró con fuerza contra el piso, haciendo que ese bonito cuadro se hiciera mil pedazos.

Mi familia era un rompecabezas muy bien armado, pero de repente, en un abrir y cerrar de ojos, se desarmó para nunca más volverse a unir.

Mis padres se separaron, tuvimos que cambiar de casa, mis hermanos y yo paramos en lugares diferentes, y casi que ni siquiera terminamos el año escolar. Fueron momentos de tormenta en la vida de cada uno de nosotros, un caos muy difícil de describir.

Hoy en día, muchos años después, miro hacia atrás y cuando recuerdo todo ese panorama veo un rompecabezas muy difícil de armar. Pero ahí fue donde el Señor Jesús comenzó a enseñarme a armar rompecabezas, y el primero fue el de mi propia vida.

Poco tiempo después de lo acontecido con mi familia, comencé a deambular por las calles de mi ciudad desde temprano, buscando a los "cuates" amigos para andar molestando a todos. Un día iba pasando frente a un taller de mecánica y el dueño, don Salomón, un hombre que conocía de Dios, me llamó y me preguntó si le podía ayudar a limpiar un motor de un carro que él estaba reparando en ese momento. Como no tenía mucho que hacer, simplemente le dije que sí.

Hoy al recordar esto veo cómo Dios mueve y pone todas las piezas de un rompecabezas en su debido lugar.

Ese día recuerdo que terminamos el trabajo a la tarde, justo antes de que anochezca, pero para mí fue una satisfacción comer tres veces sentado a la mesa de una familia. En ese entonces don Salomón tenía cinco hijos a su cargo y su esposa se encontraba en el extranjero, pero estaba doña Regi, la madre de don Salomón. Ese día fue el inicio de una nueva vida para mí, y no solo porque empecé a trabajar en ese taller.

Don Salomón conocía toda la problemática de mi vida y un mes más tarde me invitó a que viviera con ellos, cosa que no dudé un instante en aceptar. Algo que quedó grabado en mí fue la manera tan dulce en que la mamá de don Salomón me trataba, pues me tomó mucho cariño. Ella era una anciana de unos sesenta años, y si bien era muy amable también sabía ser muy estricta.

Todos los días doña Regi me llamaba y me sentaba frente a ella, me ponía a leer la Biblia y luego me explicaba lo que acababa de leer. Así fue que yo empecé a saber de Dios y conocer que Él era amor y que me amaba más de lo que yo imaginaba.

Conocí al Señor Jesús cuando tenía 13 años de edad, así inicié a formar el rompecabezas de mi vida con Él. Hoy reconozco que Dios me ha ayudado siempre al poner en mi camino personas que me ayudaron a colocar las piezas de mi rompecabezas en su lugar. Don Salomón fue una de esas personas, pero reconozco a dos personas más (aunque hay muchísimas otras que mencionaré en su debido momento). Estas dos mujeres fueron vitales:

Doña Regi, de quien ya mencioné un poquito y quien ahora ya está con el Señor. Ella dedicó horas y horas para explicarme el plan de salvación, llevarme a la iglesia y ocuparse de que verdaderamente yo conociera al dador de la vida y tuviera mi encuentro personal con Jesucristo. Ella fue una pieza clave en las manos de Dios.

La segunda persona que me ayudó fue Yvonne Helton, hoy Yvonne Bruce. Ella fue mi discipuladora, mi maestra y mi madre espiritual. Yvonne dedicó más de 15 años en mi entrenamiento, no escatimó esfuerzos para enseñarme la importancia de servir a Dios con todo, con palabras y con su propia vida como ejemplo.

Yvonne llegó a Guatemala como misionera, proveniente de los Estados Unidos de América. En ese tiempo ella era muy joven, soltera y se hizo miembro de la iglesia donde yo me estaba congregando, la Iglesia Bautista Bethania, ubicada en la famosa zona cinco de la capital de Guatemala.

Cuando ella llegó yo tenía alrededor de 17 años. Recuerdo que cuando llegó casi inmediatamente hubo un clic e hicimos una muy buena amistad. Hoy no dudo que era Dios mostrándome su amor y enseñándome cómo ir dándole forma a las cosas, en este caso mi propia vida, porque Yvonne me dio una confianza total.

Con el paso del tiempo me convertí como en un escudero para ella en sus viajes misioneros, pues siempre que podía la acompañaba, junto a otros jóvenes a los cuales esta gran misionera les dedicó también unos 15 o 20 años de su vida enseñándoles a amar a Dios por sobre todas las cosas. Para mí ella fue como una madre espiritual.

Recuerdo que un día, cuando yo tenía unos 18 años, Yvonne, en su sabia manera de enseñarme, me regaló una caja cuyo contenido consistía en un montón de pedacitos de cartón, conocidos más bien por rompecabezas. Eran 100 piezas, las cuales armé en menos de tres horas, para luego pegarlas como pude en una cartulina con el propósito de llevarla para mostrárselo a ella.

La figura que había armado era una foto de un lindo paisaje del océano con unos coloridos barcos. Recuerdo que estaba muy emocionado cuando llegué a su casa. Toqué a la puerta, ella dejó de leer su Biblia y cuando abrió le mostré lo que había logrado.

Me felicitó, se me quedó mirando y luego, para mi sorpresa y total asombro, me dio otra caja. ¡Otro rompecabezas, solo que ahora eran 500 piezas! Claro que no lo terminé en unas horas, como el anterior. Este me llevó una semana, pero finalmente lo terminé y también corrí a su casa para mostrárselo.

Para mi sorpresa ella tenía otra caja de rompecabezas reservada para mí, pero ahora era de 1500 piezas. A partir de ese momento, y luego de algunos días, sabría por qué ella estaba regalándome rompecabezas.

Pasos para armar un rompecabezas

Paso 1: Define tu propósito

El primer rompecabezas que tuve en mis manos, aquel que pude armar en solo tres horas, era de cien piezas, pero cuando inicié el proceso no tenía ni idea de cómo lo haría. Solo recuerdo que empecé como loco a buscar piezas y piezas, y solo quería hacerlo lo más rápido posible porque quería impresionar a la persona que me lo había regalado.

Y aunque realmente no sé si logré impresionarla, lo que sí es cierto es que cuando lo entregué terminado, todo orgulloso y con una amplia sonrisa en mi rostro, no vi mucha emoción en la persona que tenía enfrente. Lo que sí vi fue otra caja que me ponían en las manos, solo que ahora el tamaño era más grande, pues contenía 500 piezas.

Cuando inicié el segundo recuerdo que esa vez me tomé mi tiempo y me puse a pensar en la razón que me motivaba el armarlo: ¿Era solo para impresionarla otra vez? "No", me dije, "esta vez lo haré por simple entretenimiento."

Así que emprendí la tarea, pero mucho más relajado y tranquilo. Eso sí, recuerdo que definí una estrategia (la cual compartiré más adelante) que me ayudaría a llevar a cabo el armado de ese rompecabezas. Aunque me llevó más tiempo, un buen día llegué a la casa de Yvonne y le dije: "¡lo terminé!"

Como mencioné anteriormente, con gran sorpresa recibí en mis manos otra caja, pero esta vez era mucho más grande y con 1500 piezas dentro.

Aun me veo cuando llegué a mi casa y puse esa enorme caja en la mesa. Tenía la caja enfrente y pensaba: "esto sí está difícil… creo que a este no podré armarlo… ahora sí me doy por vencido", pero de repente como que una luz se encendió y me vino un pensamiento: "es un desafío y lo tengo que armar."

Así que tomé la caja, la abrí y comencé con la aventura que tenía por delante. Esta vez nuevamente definí una estrategia, así que busqué ciertos elementos que me pudieran ayudar: una mesa grande, cajitas más pequeñas, una lámpara de mesa, y al cabo de unos días ya tenía un hermoso paisaje delante de mí, que era la figura del rompecabezas completo.

Fue entonces que me fui corriendo a la casa de Yvonne para contarle que lo había terminado, pensando que definitivamente ella tendría otra caja más grande para obsequiarme, pero esta vez no sucedió así.

En ese momento fue cuando le pregunte por qué me había regalado los rompecabezas y fue allí cuando recibí una de las lecciones más grandes de mi vida. No fue sino entonces, al haber terminado el tercer rompecabezas, que le pregunté por qué estaba haciendo aquello, y recuerdo su sabia respuesta:

"Porque necesitas aprender a ser paciente. Necesitas aprender a saber cómo armar tu propia vida. Necesitas aprender a enfrentar nuevos retos cada día y necesitas saber que nada hay difícil de superar."

Qué gran sabiduría la de esta mujer, y qué impacto tendrían en mi vida esas palabras, de tal manera que hasta el día de hoy, después de tantos años, en mi casa siempre hay un rompecabezas siendo armado, terminado o listo para ser armado, porque reconozco que aun necesito aprender esas cuatro cosas que Yvonne mencionó en su oportunidad. Ella fue una pieza clave para armar el rompecabezas de mi propia vida.

Aunque ya no me regaló otro rompecabezas, ella había creado en mi la afición o pasión por este tipo de pasatiempos. Así que fui yo quien compró el siguiente, que fue de 2000 piezas. Luego compré otro de 5000 piezas, y aunque parece muy difícil de armar debido a la cantidad de piezas, aprendí que no lo es, porque la experiencia te ayuda. Aprendí también que si cada vez defines la estrategia adecuada y de alguna manera la vas perfeccionando, eso te ayuda con el siguiente, aunque sea más grande y complicado que el anterior.

Con esto aprendí a ver que mi vida es un rompecabezas difícil de armar, pero entendí que si tengo la estrategia indicada puedo cumplir el objetivo rápidamente. A esta estrategia en la vida real la llamo el propósito de vida dado por Dios.

El problema de la gran mayoría de las personas que habitan este planeta es que no entienden cuál es el propósito para el cual están aquí, y eso les lleva a no tener una clara estrategia que les ayude a armar su rompecabezas. Viven sus vidas intentando unir las piezas como bien les parece, frustrados porque no avanzan y cargados de negatividad y pesimismo, simplemente porque no encuentran qué hacer con su propia vida.

El tener claridad en cuanto al propósito de Dios para tu vida es como tener preparada de antemano la estrategia para armar el rompecabezas: sabes qué necesitas, tienes un panorama amplio de lo que harás, cómo, cuándo, dónde, etc. y eso te ayudará a alcanzar todo lo que te propongas: una carrera universitaria, un gran negocio, el tipo de servicio en el cual te involucrarás en la iglesia a la que perteneces, un viaje a otros países, te ayudará aun en tus relaciones, qué tipo de amigos deseas, quién y cómo será tu novio(a), tu esposo(a), cómo tener tu propia casa, etc.

Personalmente creo que el propósito de Dios es entender para qué fuiste creado, saber para qué estás sobre la tierra, comprender hacia dónde Dios te quiere guiar y caminar hacia ese lugar.

Conocer el propósito de Dios para ti te da dirección en la vida. Es como estar frente a un rompecabezas, tomar todas las piezas y desparramarlas por toda la mesa. Esa figura quedará toda desordenada, revuelta, y será todo un caos empezar de cero otra vez. Pero de repente miras la parte superior de la caja y ves un hermoso paisaje. Entonces te das cuenta que todo ese desorden sobre la mesa servirá para armar un hermoso paisaje.

Cuando tienes claro el propósito de tu vida puedes entonces ver algo así como el final del trayecto antes de haber estado ahí, eres capaz de ver de antemano en qué terminará o debería terminar todo.

"El propósito de su vida es excesivamente mayor que su realización personal, que su paz mental, e incluso que su felicidad. Es excesivamente mayor que su familia, que su profesión y que sus mayores sueños y ambiciones. Si quiere saber por qué fue puesto en este planeta, tiene que empezar con Dios. Usted nació debido a Su propósito y para Su propósito." Rick Warren, Una vida con propósito, Editorial Vida, 2002.

Durante el transcurso de mi vida he cometido muchos errores y he tomado muchas decisiones equivocadas. Cuando hoy me pregunto "¿por qué será que lo hice?", es clara la respuesta: porque no tenía una estrategia definida (no tenía un claro propósito de vida), y como resultado hice cosas sin sentido, sin dirección y sin valor que a su vez produjeron fracasos, heridas, aflicción y arrepentimiento.

Si has sufrido por haber tomado malas decisiones, sigue leyendo, descubrirás cómo ordenar y planificar tus movimientos para lograr armar correctamente el rompecabezas de tu vida.

Recuerda que tomar buenas decisiones está en tus manos: toma todas las piezas de tu vida y riégalas en una mesa, no te desalientes si ves las cosas confusas, levanta tu mirada y ve la portada de la caja (descubre el propósito de tu vida) y todo el panorama se despejará. Luego entonces empieza a darle forma a tu rompecabezas.

Paso 2: Ordena y planifica

Cuando uno se prepara para armar un rompecabezas, no importa el tamaño, uno debería de hacer dos cosas: ordenar y planificar, porque si lo haces para armar un rompecabezas, lo harás también para tu propia.

"La planificación es un proceso relacionado con la capacidad del ser humano de establecer metas y elegir medios adecuados para alcanzarlas. Este método permite la ejecución de planes de manera directa, los que deben ser realizados de acuerdo a lo que se planeó previamente. La planificación permite delimitar las acciones a realizar, como así también asignarles un tiempo razonable para su puesta en marcha." Libro online "Importancia de la planificación y hábitos en el estudio", Universidad Andrés Bello.

Con ordenar y planificar me refiero a lo siguiente:

1. Hazte una imagen mental de la figura que vas a armar.

Cuando tengo un rompecabezas delante de mí siempre me tomo un tiempo para observar cuidadosamente la figura. Trato de ver los más mínimos detalles, intento de que mi mente grabe la forma, los colores, los diferentes objetos, etc.

Esto me ayuda mucho a medida que avanzo, porque cuando ya estoy armando el rompecabezas y mi mano toma una pieza hay una especie de intuición que me dice por dónde va o a qué sección pertenece. El detenerte unos momentos para observar el panorama completo ayuda a tener una idea general de lo que harás y aun puedes calcular cuánto tiempo te llevará. ¿Acaso no deberíamos hacer esto en la vida real? Cuando inicias un proyecto o cuando tienes delante de ti algún desafío, es bueno que te tomes tu tiempo y hagas una profunda observación para lograr ver el panorama general y poner atención a cada detalle.

De esta manera, cuando ya estés en marcha o estés llevando a cabo tu proyecto, tendrás una idea clara de lo que estás haciendo porque en tu mente ya viste una representación de lo que debes lograr, y sabes por qué lo haces y hacia dónde vas.

El problema de muchos es que inician proyectos, diseñan planes y toman decisiones sin saber exactamente por qué lo hacen. Muchos dicen que es por inspiración, creatividad, talento o algo parecido, pero aun así se necesita orden y planificación, de lo contrario podemos llevarnos sorpresas desagradables al fin.

2. Preparar todos los utensilios.

Para armar un rompecabezas de miles de piezas generalmente se necesita una mesa espaciosa, y además varios recipientes o cajas donde pongo piezas de rompecabezas por colores y por formas. Además dispongo un recipiente especial donde coloco todas la piezas que creo son de la orilla o contorno. Este paso es muy importante para mí (más adelante explicaré por qué), así que también preparo una lámpara que me provea la luz suficiente por si se hace de noche. Otra cosa es que siempre tengo algo de tomar junto a mí y escucho música de fondo, esto me ayuda a crear un ambiente agradable para hacer lo que me gusta.

Me lleva un tiempo hacer estos preparativos, pero a la larga me han ayudado a hacer un buen trabajo. Recuerdo que cuando armé uno de cinco mil piezas me llevó casi un mes, pero calculo que si no hubiera hecho todo lo anterior tal vez todavía estuviera armándolo.

A esto le llamo ordenar y planificar, porque una cosa es tener todas las piezas regadas sobre la mesa y otra bien diferente es tenerlas enfrente pero ordenadamente. Luego decido por dónde empezar, planifico la estrategia, calculo cuánto tiempo me llevará, decido cuánto tiempo le voy a dedicar por día, qué horarios de esos días me abocaré a ello, etc.

¿Qué tal si hiciéramos esto en la vida nuestra de cada día? Generalmente hacemos las cosas sin un orden preestablecido y mucho menos planificando de antemano. Hacemos las cosas o iniciamos algo sin tomar en cuenta estos dos aspectos fundamentales y luego vamos por la vida sin dirección, sin planes, sin una idea clara de hacia dónde vamos, lo que produce resultados obvios que generalmente incluyen fracasos, derrotas, depresiones, ansiedades, caídas y mucho más.

Pero quien aprende de verdad a ordenar y a planificar, y quien hace un estilo de vida de esto, puede considerarse una persona exitosa y triunfadora, porque aun en la observación que hizo al principio pudo ya saber que lo que está haciendo es de Dios, y esto le garantiza doblemente que el éxito está por venir.

A lo largo de mi vida he experimentado tres grandes fracasos que dejaron una profunda huella en mi vida.

Uno de ellos sucedió cuando ingresé a la universidad Mariano Gálvez de Guatemala. Entré muy ilusionado, aparentemente muy seguro de mí mismo, y también me sentía muy orgulloso de lo que yo pensaba era un gran logro. Pero al terminar el primer trimestre me sentía muy desilusionado, pues iba muy mal en mis notas. Me sentía frustrado, y ni te imaginas cuando llegó el segundo y luego el tercer trimestre.

En ese tiempo ya era cristiano, ya servía a Dios en la iglesia en la que estaba y sin embargo le preguntaba a Dios por qué me estaba sucediendo todo esto, y hasta lo culpaba a Él de todo lo mal que me iba.

Al final tuve que renunciar a la universidad, salí de allí frustrado y muy dolido.

Cuando reviso ese tiempo y lo evalúo, reconozco que

el mayor error fue no planificar: no calculé el costo de los libros y no me percaté de que no podía comprarlos. Tampoco tuve en cuenta el costo de la mensualidad (porque era una universidad privada), no pensé que los horarios de estudio se podrían cruzar con el del trabajo (pues en ese entonces ya estaba trabajando).

La universidad no fue una prioridad para mí en ese momento, lo cual fue también otro gran error. Resultado: tiempo, dinero, esfuerzo y otros recursos perdidos.

Hoy en día, cuando comparo las tres situaciones, llego a la conclusión de que esos fracasos fueron el resultado de la falta de una buena planificación. Lo positivo de todas esas vivencias es que al final aprendí cuán importante es planificar en la vida.

Así es, no ordené y no planifiqué de acuerdo con lo que Dios dice, no observé el panorama general, no le puse atención a los detalles, no hice cálculos adecuados y al final descubrí completa frustración por no alcanzar aquello que deseaba. Si hay un culpable en todo esto es la persona que miro al espejo todos los días.

Es cierto que es muy bonito hacer cosas espontáneas, siempre y cuando esas cosas no pongan en peligro tu vida o algo personal y cuando no sean todos los días. Si de pronto haces un estilo de vida de cosas espontáneas y eres dirigido por ellas, pues entonces puede ser muy peligroso, pues no sabes el resultado de algo que no has planeado con anticipación. Con el pasar de los años he aprendido que aun las cosas espontáneas pueden ordenarse y planificarse sin quitarles ese sabor fresco y desenvuelto que tienen las actividades no planeadas.

Paso 3: *Proyecta tus metas específicas a corto plazo*

Cuando recibía la caja con el rompecabezas y después de preparar todos los utensilios como vimos en el paso anterior, lo más importante era buscar las piezas de toda la orilla para armar el cuadro.

Tener el rectángulo armado para mí es de mucha utilidad, pues teniendo ya el cuadro me ayudaba a tener una idea del tamaño real y la forma que tendría al finalizar el pasatiempo. Tener este panorama enfrente me ayudaba entonces a ubicar después las demás piezas calculando el espacio y el lugar donde luego calzarían las piezas.

Para mí esto en la vida es como definir las metas específicas a corto plazo, es como poner bases sobre las cuales construiré algo que con el paso del tiempo será sólido y firme. Cuando yo tengo metas a corto plazo y luego las alcanzo, eso me motiva a no detenerme, porque sé que ya di el primer paso y que lo logré. De esta forma queda como una línea trazada que me servirá para seguir y alcanzar lo que está más adelante. Establecer metas a corto plazo me ayuda para que haga cálculos de cómo, cuándo y dónde alcanzar la meta final.

Arnoldo Arana, docente y autor del libro "El Carácter: Factor clave en la gestión del Líder" dice que "las metas sin sueños son simples actividades y los sueños sin metas son quimeras, meras ilusiones. La meta es un objetivo, propósito o sentido de dirección hacia el cual dirige todas sus energías, anhelos y esfuerzos. Son los blancos hacia los cuales enfocas tu vida. Una meta involucra el esfuerzo organizado y planificado de lo que quieres ser y alcanzar en la vida. Una persona con metas tiene dirección en su vida, establece prioridades, rebosa energía y ánimo, es más creativa y busca con más persistencia la excelencia."

El autor de varios éxitos de ventas, John Maxwell, menciona lo siguiente en su libro "El viaje del éxito:"

"Sus sueños determinan sus metas.
Sus metas trazan sus acciones.
Sus acciones crean los resultados.
Los resultados le traen éxito."

En un rompecabezas, el tener la orilla armada ayuda muchísimo, pues ya puedo calcular cuánto tiempo necesitaré para armarlo todo, puedo trazar un camino por dónde seguir, y puedo casi saber dónde van las piezas por la forma y el color que tienen.

Aprendí que es importante dar el primer paso, porque muchas veces queremos hacer cosas, iniciar un proyecto, un negocio, iniciar una nueva relación sentimental, etc., pero no aprendemos que en todo hay un primer paso que dar, el cual debe ser el correcto, porque si nos equivocamos, todo el proyecto sufre y puede traer serias consecuencias en el futuro.

Tenía mucha razón nuestro Señor Jesús cuando hablaba de la prudencia y cuenta la historia donde hace una comparación entre uno que construye una casa sobre la arena y otro que la construye sobre tierra firme o un buen fundamento:

"El que escucha lo que yo enseño y hace lo que yo digo, es como una persona precavida que construyó su casa sobre piedra firme. Vino la lluvia, y el agua de los ríos subió mucho, y el viento sopló con fuerza contra la casa. Pero la casa no se cayó, porque estaba construida sobre piedra firme.

Pero el que escucha lo que yo enseño y no hace lo que yo digo es como una persona tonta que construyó su casa sobre la arena. Vino la lluvia, y el agua de los ríos subió mucho, y el viento sopló con fuerza contra la casa. Y la casa se cayó y quedó totalmente destruida." Mateo 7:24-26 (TLA)

Para mí las metas específicas son como el fundamento, pero ojo, si se trazan mal las metas a corto plazo es como construir sobre la arena, y aquí estoy hablando por mi propia experiencia. ¡Cuántas veces, por no delinear mis metas específicas a corto plazo de la manera correcta, me he enfrentado a un fracaso y tener que aprender una dura lección con todo el dolor que eso involucra! No se lo recomiendo a nadie.

Pero si las metas se trazan bien será como construir una casa sobre fundamento sólido, y esto nos garantiza un buen final. Esto me pasa con los rompecabezas, cuando tengo la orilla formada me siento seguro de lo que hago y siento tranquilidad de saber que llegaré al final a pesar de lo que pase en el camino.

Delinear tus metas de antemano te dará la seguridad de que estás haciendo lo que Dios tiene en Sus planes para ti. Es como discernir y poder decir "por aquí es donde Dios quiere que camine." Cuando lo hagas sabrás que de allí en adelante las equivocaciones ya serán menos, porque de seguro te cruzarás con alguna, pero serán escasas y menos dolorosas.

Te animo a que revises cómo están tus metas a corto plazo, y si ves que hay algo que no tiene sentido entonces pídele a Dios que te ayude a hacer las correcciones necesarias, recuerda que si das mal el primer paso todo lo que sigue a continuación será una ruina.

Ahora bien, puede ser que tú estés precisamente en medio de una situación difícil, tal vez estés pensando "¿por qué no lo supe antes, por qué no me lo dijeron? Ahora ya es tarde."

Pero si has llegado hasta este punto en la lectura, quiero decirte algo: nunca es tarde. Uno de los propósitos de este libro es animarte a que no renuncies a lo que estás haciendo. No renuncies a los sueños que Dios depositó muy profundamente en tu corazón.

Si de alguna u otra manera sientes que te has equivocado al trazar el rumbo, quiero animarte a que te tomes un momento para hacer una pausa. Tómate un descanso y pídele ayuda a Dios para que luego puedas empezar a reordenar o replanificar lo que estás haciendo.

Estoy aquí para decirte que sí se puede. Yo renuncié a la universidad porque no tuve a nadie a mi lado que me dijera qué hacer en ese momento. Nadie estuvo allí para motivarme ni tampoco para enseñarme lo que se podía hacer.

Jim Rohn (1930 - 2009), un empresario estadounidense, autor y orador motivacional, dijo: "Si no diseñas tu propio plan de vida, es probable que caigas en el plan de algún otro. ¿Y sabes lo que ese otro tiene planeado para ti? No mucho.

Te animo a que empieces a proyectar tus metas a corto plazo hoy mismo.

Paso 4: Todo es un proceso, inicia con lo más fácil

Para armar un rompecabezas es importante tomar en cuenta lo siguiente: hay que entender que armar un rompecabezas es un proceso, por lo tanto tenemos que buscar la forma de iniciar con lo más fácil. Esto sería poner en práctica los pasos que vimos anteriormente, pero lo vuelvo a recalcar porque un gran error que veo es que muchas veces se da inicio al armado del rompecabezas sin antes ordenar las piezas, sin separarlas por colores, sin tener una idea del tamaño real, etc.

Es probable que sin completar los pasos previos alguien logre armarlo, pero te aseguro que le llevará mucho más tiempo y quizá termine deseando no ver más un rompecabezas en toda su vida.

Lo más fácil en el caso de un rompecabezas, si nunca has armado uno, es empezar con uno pequeño de alrededor de 100 piezas. Luego puedes continuar con otro de 200, luego 500 y así sucesivamente. De esta manera fue como aprendí la lección de tener paciencia. Fue un proceso que me llevó a que después de armar varios rompecabezas, un día finalmente pueda armar un rompecabezas de 5000 piezas.

Hoy me doy cuenta que si me hubieran puesto ese grande en primer lugar estoy seguro de que me hubiera frustrado, o tal vez lo hubiera armado pero en el triple o más del tiempo necesario.

Cuando alguien inicia la universidad no inicia en sexto año, no. Se empieza siempre con el primero. Construye un edificio y no comenzarás en el décimo piso, ni tampoco en el primero, sino en los cimientos. Todo lo que emprendas en la vida necesita ser iniciado en orden para que puedas llegar a obtener buenos resultados.

Si comprendemos que armar un rompecabezas es un proceso y lo aplicamos cuando estamos sentados a la mesa frente a todas las piezas que tenemos delante, será más fácil entender que en la vida real todo es también un proceso, y que será fácil iniciarlo si empezamos con lo más fácil: ordenar y tener una idea clara de lo que queremos.

Al tener un gran proyecto enfrente y empezar con lo más fácil, luego te darás cuenta que cuando llegues a lo más difícil realmente no será así, porque tendrás parte del camino recorrido aun a pesar de haberlo alcanzado con pasos cortos pero seguros.

Bernie Siegel, escritor estadounidense y cirujano pediátrico retirado, conocido por su éxito de ventas "Amor, Medicina y Milagros", dijo: "Dios quiere que sepamos que la vida es una serie de principios, no finales. Así como las graduaciones no son finales, sino comienzos, la creación es un proceso continuo, y cuando creamos un mundo ideal donde el amor y la compasión son compartidos por todos, el sufrimiento cesará."

Si sigues el orden del proceso hallarás bendición y prosperidad en cada área de tu vida donde pongas estos principios en práctica. Siempre recuerda que en la vida hay pasos que seguir, y es muy doloroso saltarse estos pasos porque las consecuencias son muy complicadas, por ejemplo embarazos no deseados, hacer trampa en un examen, usar drogas en los deportes, comprar voluntades, etc.

En otras palabras, lo que intento decir es que en la vida todo es un proceso que tiene un principio y un fin, y que será más fácil cuando tenemos la paciencia necesaria para hacerlo en orden. De lo contrario algo que podríamos lograr en una semana podría tomar meses y hasta años. Además cuando no hacemos las cosas en orden, por lo general siempre nos trae serias consecuencias y estas son las que hacen que encontremos personas con síntomas de depresión, desanimadas, frustradas, derrotadas, etc.

Tal vez no lo creas, pero armando rompecabezas aprendí todo esto y aun así admito que he cometido una serie de errores cuando evalúo o me examino a mí mismo. Reconozco que si hubiera seguido este principio de iniciar desde el principio, hacer las cosas en orden y entender que todo es un proceso hubiera tenido menos problemas.

Si algo definitivamente me ha ayudado en todo esto es precisamente Dios a través de Su Palabra. Te invito a que te tomes un tiempo y leas esta parte de las Escrituras, donde el sabio rey Salomón se refiere a la obediencia a Dios y sus beneficios:

"Hijo mío, no te olvides de mis enseñanzas; más bien, guarda en tu corazón mis mandamientos. Porque prolongarán tu vida muchos años y te traerán prosperidad.

Que nunca te abandonen el amor y la verdad: llévalos siempre alrededor de tu cuello y escríbelos en el libro de tu corazón. Contarás con el favor de Dios y tendrás buena fama entre la gente.

Confía en el Señor de todo corazón, y no en tu propia inteligencia. Reconócelo en todos tus caminos, y él allanará tus sendas.

No seas sabio en tu propia opinión; más bien, teme al Señor y huye del mal. Esto infundirá salud a tu cuerpo y fortalecerá tu ser.

Honra al Señor con tus riquezas y con los primeros frutos de tus cosechas. Así tus graneros se llenarán a reventar y tus bodegas rebosarán de vino nuevo." Proverbios 3:1-13 (NVI)

Paso 5: Celebra a lo grande cuando termines

Solo quien termina algún proyecto (sea este grande o pequeño) o algo que ha tenido un costo muy alto sabe lo importante que es celebrar en grande. Cuando yo termino de armar un rompecabezas celebro de diferentes maneras: a veces doy un grito (solo si no hay nadie en casa, para no asustar a otros), luego empiezo a contarle a mis amigos y les muestro mi felicidad por haber terminado el rompecabezas.

Y esto sirve para tener algo así como un tiempo de relajación. Es como aquel escalador que cuando llega al pico más alto de la montaña se queda unos momentos disfrutando del paisaje y deleitándose luego del logro conseguido.

Cuando pasas tiempo en algo que requiere tu mayor concentración, que absorbe mucho de tu tiempo y que hizo que dejaras de hacer algo importante como ver una película con amigos, estar con tu pareja o no ir alguna fiesta, necesitas sacar todo ese estrés, pero expresar también un ¡valió la pena!

Como dijo una gran amiga: "valió la pena esperar." Y se refería al hecho de ver día a día el pausado proceso de cómo un simple gusano se convierte en una bella mariposa. La trasformación no se dio de un día para el otro, sino que el desarrollo fue un proceso lento, pero ella se armó de paciencia, esperó, y después de varios días, al ver la mariposa finalmente salir de su capullo dijo ¡valió la pena! Vaya que sí.

Barbara Hoffman, una ex jugadora de béisbol que jugó desde 1951 a 1952 en la liga profesional de béisbol "All-American Girls", en Estados Unidos, dijo una vez: "Deja de quejarte de los baches de la carretera y celebra el viaje."

Cuando inicias un negocio o cualquier otro proyecto y lo llevas hasta el final, cuando inicias un ciclo de estudios y al cabo de unos años te encuentras frente a un grupo de personas recibiendo un diploma o un título, ¿no crees que es una muy buena ocasión para celebrar tu triunfo? Es en ese momento cuando celebras tu victoria y te regocijas en la satisfacción de que pudiste lograr algo especial.

Mira lo que dijo Nelson Mandela (1918–2013), revolucionario sudafricano, político y filántropo, quien se desempeñó como presidente de Sudáfrica desde 1994 hasta 1999: "Acuérdate de celebrar éxitos mientras te preparas para el camino por delante."

Celebrar te da la oportunidad de compartir el éxito y la victoria con otros. Es una hermosa ocasión para festejar el haber logrado algo que te llevó mucho esfuerzo.

En la vida es muy necesario estar celebrando nuestros triunfos, pues eso nos motiva a prepararnos para el siguiente reto. Siempre recuerda algo: habrá un nuevo reto cada día, bien después de terminar un proyecto, una carrera, un evento o en cualquier otra situación, encontrarás que siempre hay algo más que hacer. Por eso celebra en grande cuando termines algo, adelante, celebra y de esta manera motiva también a otros.

Recomendaciones generales para armar un rompecabezas

1. Haz una observación profunda antes de iniciar

Cuando inicies algo no lo hagas alocadamente, siempre estudia o evalúa todo el panorama antes de empezar. En el armado de un rompecabezas es importante observar cada detalle como los colores y los tamaños de las piezas, sus formas, etc. De esta manera puedes calcular el tiempo que te tomará, el espacio que necesitas, etc.

"Los pensamientos del diligente ciertamente tienden a la abundancia; mas todo el que se apresura alocadamente, de cierto va a la pobreza." Proverbios 21.5 (RVR60)

Esta rima (el mismo versículo anterior pero en otra versión) vale memorizarla: "Cuando las cosas se piensan bien, el resultado es provechoso. Cuando se hacen a la carrera, el resultado es desastroso." (TLA)

Si inicias un proyecto, si vas a estudiar una carrera nueva, si vas a construir una casa, si deseas empezar una nueva relación amorosa o lo que sea que tengas por delante, primero necesitas hacer una observación general antes de iniciar. Hacer esto te dará un panorama general de todo lo que necesitas para iniciar y terminar el proyecto con éxito.

2. Nunca te des por vencido cuando aparezcan los obstáculos

En la vida siempre hay inconvenientes. Me pasó que al estar armando un rompecabezas, y luego de varias horas de no colocar una sola pieza, sentí una tremenda frustración. Sentí que un gran obstáculo estaba en el camino y no me dejaba continuar hacia la meta final, así que en ese momento decidí ya no continuar, es decir que me di por vencido.

Fue allí que esa frustración me ayudó a hacer comparaciones, y vi que en la vida diaria esto sucede a menudo en muchas áreas: iniciamos proyectos y luego surgen obstáculos. Y lo primero que hacemos es renunciar, abandonar y dejar todo a medio armar para intentar seguir adelante. Cuántos sueños, cuántos deseos, cuántas metas y cuántos proyectos se quedan a medias. A lo largo de mi vida me he encontrado con mucha gente frustrada y decepcionada con sus vidas, todo porque un día decidieron dejar de intentarlo y abandonar la carrera.

Deberíamos tener en cuenta lo que dijo Winston Churchill, quien fue primer ministro del Reino Unido desde 1940 hasta 1945 y nuevamente desde 1951 hasta 1955: "El éxito es ir de fallo en fallo sin perder el entusiasmo."

Napoleón Bonaparte, militar francés y líder político dijo con respecto a esto: "El éxito no reside en vencer siempre, sino en no desanimarse nunca."

El mismo apóstol Pablo, hablando sobre la vida cristiana, nos aconseja de esta manera:

"Ustedes saben que, en una carrera, no todos ganan el premio, sino uno solo. Pues nuestra vida como seguidores de Cristo es como una carrera, así que vivamos bien para llevarnos el premio. Los que se preparan para competir en un deporte, dejan de hacer todo lo que pueda perjudicarlos. ¡Y lo hacen para ganarse un premio que no dura mucho! Nosotros, en cambio, lo hacemos para recibir un premio que dura para siempre. Yo me esfuerzo por recibirlo.

Así que no lucho sin un propósito. Al contrario, vivo con mucha disciplina y trato de dominarme a mí mismo." 1 Corintios 9:24-27 (TLA)

Después de hacer comparaciones , me di cuenta que es necesario hacer un esfuerzo extra y empezar de nuevo, cambiar de actitud y continuar, por algo Dios le dijo a Josué "Esfuérzate y sé valiente", porque Dios sabía que en la conquista de la tierra prometida habrían obstáculos que vencer. Las cosas hoy día no han cambiado: siempre habrá piedras (y hasta enormes rocas) en el camino. Hay que aprender a saltarlas o quitarlas para que no detengan nuestro avance.

3. Cuando te estanques o sientas que no avanzas, cambia de ambiente

Hay momentos, cuando estás armando un rompecabezas, que puedes sentir que no avanzas y que estás paralizado. Lo mejor que puedes hacer en esa situación es cambiar de ambiente: mira una película, ponte a escuchar música, lee algo que te distraiga, ve a comer algo, date un paseo por el centro comercial, ponte a orar, lee la Biblia, etc. La idea es que por un momento, por unos minutos o quizás unas horas dejes de pensar en el rompecabezas. Eso te ayudará a tomar un segundo aire para luego volver a la tarea con aires renovados. Prueba esta técnica en las diferentes áreas de tu vida, practícalo y verás.

John Ernst Steinbeck, Jr. (1902 – 1968), un escritor norteamericano, autor de 27 novelas, dijo una vez: "El arte del descanso es una parte del arte de trabajar."

4. Asegúrate de que cada pieza es la correcta

Parece muy obvio, pero en los rompecabezas grandes resulta que hay piezas que se parecen mucho unas a otras, y a veces el parecido es tan profundo que puedes poner una pieza equivocada en donde no debes. Esto hará que en algún punto del armado te des cuenta que te sobran piezas o que te hacen falta algunas que no tienes. O puede suceder que el rompecabezas simplemente tendrá un error en algún sector y eso lo hará verse feo, perderá belleza, perfección, simetría, etc.

En la vida real sucede lo mismo: si pones una pieza equivocada en el desarrollo de tu vida te traerá serias consecuencias, y lo lamentarás por mucho tiempo, te hará mucho daño y sufrirás enormemente.

Por eso el sabio rey Salomón nos advertía: "Hay camino que parece derecho al hombre, pero su fin es camino de muerte." Proverbios 16:25

En la vida diaria hay piezas que parecen encajar correctamente, pero solo son engañosas. Cuidado porque el engaño o la apariencia son muy peligrosos.

5. Dale valor a cada pieza: todas son importantes

En un rompecabezas todas las piezas deben valorarse de igual manera pues todas son trascendentales. Si solamente una de ella falta eso afectaría todo el cuadro. Cuando un rompecabezas está terminado si hay algo que admiro es ver la unidad y la armonía de todas las piezas que lo conforman. Aunque una pieza esté en la orilla y la otra en el borde superior izquierdo, si quitáramos alguna pieza se perdería todo lo que mencioné anteriormente.

Por eso en la vida diaria es importante reconocer cuáles son las piezas de nuestro rompecabezas, apreciarlas y darles el valor que merecen, porque por una que falte o que no le demos importancia, podría arruinar todo el cuadro de nuestra vida, trayendo dolor o heridas que después cuestan sanar.

6. No permitas que cualquiera te ayude

Recuerdo la vez que estaba armando un bello rompecabezas y un día llegaron visitas. Al ver lo que estaba haciendo antes de que llegaran ellos se emocionaron y se ofrecieron para ayudarme. La intención era buena, pero ¿sabes cómo terminó todo? Pues varias piezas se perdieron, otras fueron colocadas en lugares equivocados y tardamos bastante en avanzar, en fin, un desastre. Ese fue el único rompecabezas que nunca terminé de armar. Pero aprendí una lección: no permitir que cualquiera ayude si no tiene la menor noción de lo que hace.

Igual sucede en la vida real, muchas personas se te cruzarán en tu camino con la buena intención de ayudarte, pero cuidado, no todos son indicados para eso, así que escoge y pídele a Dios que te dé el discernimiento para saber a quién permitirle ser parte del armado de tu rompecabezas. La persona que se acerca para ayudarte de alguna manera será parte de tu vida, y eso no cualquiera puede serlo.

Resumen

Pasos para armar un rompecabezas y aplicarlos en el rompecabezas de tu propia vida.

Paso 1: Define el propósito de tu vida. Recomiendo que leas el libro "Una Vida con Propósito" del autor Rick Warren. Cuando compras o adquieres la caja de un rompecabezas tu propósito es armarlo, divertirte, entretenerte o simplemente pasar el tiempo.

Paso 2: Planificar y ordenar. Apartar por colores, formas y posibles figuras todas las piezas.

Paso 3: Establece metas específicas. Al iniciar el armado de un rompecabezas, lo primero es armar todo el contorno o las orillas.

Paso 4: Inicia con lo más fácil. Avanza de a un paso a la vez.

Paso 5: Celebra a lo grande. Toma un tiempo para festejar tus logros.

Recomendaciones generales para armar un rompecabezas

1. Haz una observación profunda antes de iniciar

2. Nunca te des por vencido cuando aparezcan los obstáculos

3. Cuando te estanques o sientas que no avanzas, cambia de ambiente

4. Asegúrate de que cada pieza es la correcta

5. Dale valor a cada pieza: todas son importantes

6. No permitas que cualquiera te ayude

Conclusión

Mi propósito al escribir esto es que veas cómo un simple pasatiempo que funciona como un juego y una distracción puede servir para enseñarnos lecciones que podemos aplicar a nuestra vida. Armar rompecabezas se convirtió como en una estrategia que me enseñó a armar el rompecabezas de mi propia vida, y por eso todo lo que ya mencioné lo quise compartir contigo. Mi oración ante Dios es que este pequeño escrito te sirva especialmente a ti que lo has leído, pero también a todo aquel que pueda llegar a leerlo por medio de ti.

Siéntete en completa libertad de compartir este pequeño libro con todo aquel que piensas que necesita leer este mensaje.

Dios te bendiga y recuerda: tu vida es un rompecabezas. Aprende a armarlo, pero siempre recuerda: al final de cuentas no lo hagas solo, hazlo con la ayuda del Espíritu Santo. Y luego enséñale también a otros.

Estimado Lector

Nos interesan mucho sus comentarios y opiniones sobre esta obra. Por favor ayúdenos comentando sobre este libro. Puede hacerlo dejando una reseña en la tienda donde lo ha adquirido.

Puede también escribirnos por correo electrónico a la dirección info@editorialimagen.com

Si desea más libros como éste puedes visitar el sitio de **Editorialimagen.com** para ver los nuevos títulos disponibles y aprovechar los descuentos y precios especiales que publicamos cada semana.

Allí mismo puede contactarnos directamente si tiene dudas, preguntas o cualquier sugerencia. ¡Esperamos saber de usted!

Más libros de interés

Engrandeced a Nuestro Dios - Cómo experimentar la verdadera comunión con Dios

Desde el principio Dios siempre ha buscado al hombre. Su inmenso corazón de Padre lleno de amor ha anhelado una relación íntima y especial con cada uno de nosotros.

Consejos para el Noviazgo Cristiano - Principios Bíblicos para un Noviazgo con Propósito

En este libro descubrirás los principios de parte de Dios para un noviazgo enfocado en cumplir Sus propósitos, tanto para tu vida como así también la de tu pareja.

Harto de Religión - Pero deseoso del Dios vivo

Con una inocultable nostalgia, Picone pide volver a los tiempos del "primer amor", como reza Apocalipsis.

Instinto de Conquista

Es un libro motivacional, que desafía la inquietud de cualquier persona que anhele un cambio en su vida y no sabe por dónde comenzar.

Ángeles en la Tierra - Historias reales de personas que han tenido experiencias sobrenaturales con un ángel

En este libro de ángeles comparto mi experiencia, como así también la de muchas otras personas.

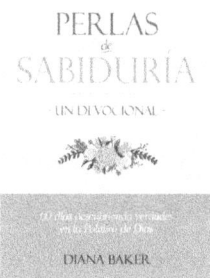

Perlas de Sabiduría – Un devocional - 60 días descubriendo verdades en la Palabra de Dios

Una perla que se produce en el mar tiene un valor muy alto. Ha comenzado por ser un diminuto grano de arena para luego convertirse en algo muy bello que muchos buscan y codician.

Conociendo más a la persona del Espíritu Santo - Este libro sobre la Persona del Espíritu Santo es el relato de un viaje personal.

En mis lecturas diarias de la Palabra anotaba todo lo referente al Espíritu Santo y de allí los datos que se encuentran en la primera parte.

Dios está en Control - Descubre cómo librarte de tus temores y disfrutar la paz de Dios

Este libro nos enseña cómo librarnos de los temores para que podamos experimentar la paz de Dios.

La Dieta de Dios - El plan divino para tu salud y bienestar

Principios bíblicos para una buena nutrición. Dios está muy interesado en tu cuerpo. Si nuestro cuerpo es templo del Señor y es Su habitación, tendremos que darle cuentas del uso y abuso que le demos.

Gracia para Vivir - Descubre cómo vivir la vida cristiana y ser parte de los planes de Dios

Martin Field, teólogo del Moore Theological College en Sidney, Australia, nos comparte en este libro sobre la gracia que proviene de Dios. La misma gracia que trae salvación también nos enseña cómo vivir mientras esperamos la venida de Jesús.

Vida Cristiana Victoriosa - Fortalece tu fe para caminar más cerca de Dios

En este libro descubrirás cómo vivir la vida victoriosa, Cómo ser amigo de Dios y ganarse Su favor, Lo que hace la diferencia, Cómo te ve Dios, Cómo ser un guerrero de Dios, La grandeza de nuestro Dios, y mas

Dios Contigo - Tu Padre quiere hablarte y tiene un mensaje para ti

Varios autores se han reunido para darle forma a este libro, cuya intención es acercarte más al corazón de Dios.

30 días con Dios - Lecturas diarias que te fortalecerán y te acercarán al Padre

Lo que leerás a continuación es un devocional que hemos preparado con algunas de las reflexiones que ya hemos enviado por correo electrónico a miles de personas alrededor del mundo desde al año 2004

Promesas de Dios para Cada Día - Promesas de la Biblia para guiarte en tu necesidad

Nuestro Padre es un Dios de Amor. En Su Palabra encontramos los regalos y bendiciones que nuestro Padre tiene para nosotros. Este libro te ayudará a conocerlos (o descubrirlos nuevamente) para que puedas estar siempre agradecido. También te ayudará a conocer lo que Dios espera de nosotros como hijos Suyos.

El hombre que parafraseaba - Un encuentro de consecuencias eternas

Este libro relata la historia de un encuentro entre un niño azotado por la soledad y un anciano que en el amor ha obtenido las respuestas. Bastarán dos días para que juntos emprendan un viaje de ida y vuelta a lo más profundo del corazón de Dios.

Consejos Prácticos Para Vivir Feliz - Sabiduría en enseñanzas breves para una vida cristiana plena y fructífera

Este libro está basado en el famoso libro de los Proverbios, en el cual podemos encontrar consejos y enseñanzas provenientes de varios sabios del pueblo de Israel.

Sanidad para el Alma Herida - Como sanar las heridas del corazón y confrontar los traumas para obtener verdadera libertad espiritual

Este es un libro teórico y práctico sobre sanidad interior.

Los Dones Espirituales - Descubre el don que hay en ti para edificación de la Iglesia

Debemos tener una sincera preocupación por descubrir nuestros dones para ponernos a servir al Cuerpo, de lo contrario, lo que hayamos recibido comenzará a marchitarse y pronto se secará definitivamente.

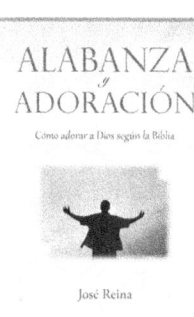
Alabanza y Adoración - Cómo adorar a Dios según la Biblia

En este libro descubrirás las bases bíblicas de la alabanza y la adoración para poder adorar a Dios como Él está buscando que lo hagan.

Cómo Hablar con Dios - Aprendiendo a orar paso a paso

En este libro podrás encontrar detalladamente las respuestas a las preguntas:

- ¿Cómo debo orar?
- ¿Qué me garantiza que Dios me va a responder?
- ¿Qué palabras debo usar?

Alcance Sus Sueños - Descubra pasos prácticos y sencillos para lograr lo que hasta ahora no ha podido

Este libro ha sido escrito con el propósito de ayudarle a alcanzar aquellas metas que todavía no ha logrado y animarle a seguir luchando por aquellos sueños que está persiguiendo

Matrimonios Bien Comunicados - Guía práctica para mejorar la comunicación en tu pareja

En este libro descubrirás todo lo que tiene que ver con la buena comunicación en la pareja y encontrarás también numerosos consejos sobre cómo mejorar la comunicación en el matrimonio.

El Amor Romántico - Como mantener encendida la llama del amor en todas sus etapas

Encontrarás un panorama amplio sobre lo que es el amor… y también lo que no lo es. Este libro es una guía práctica y directa para entender el amor verdadero.